Sandra Mahut

INDISCH
KLEINE GERICHTE

Librero

Rezeptverzeichnis

Käse-
NAANS

FÜR 12 NAANS

Zubehör
Küchenmaschine
Nudelholz
Plancha oder
beschichtete
Pfanne

Ruhezeit
1,5 Stunden

Grundzutaten
500 g Mehl T55
8 g Trockenbackhefe
¼ TL Backpulver
1 TL Salz
1 TL Zucker

4 EL Sonnenblumenöl
125 g bulgarischer oder griechischer
   Joghurt
24 Portionen Schmelzkäse z. B.
   „Vache qui rit"

Den Teig herstellen

Alle trockenen Zutaten in der Küchenmaschine oder von Hand
vermischen: Mehl, Backhefe, Backpulver, Salz und Zucker. Eine
Mulde in das Mehl drücken und die flüssigen Zutaten hinzufügen:
Öl, Joghurt und 180 ml Wasser. Die Zutaten für 10 bis 15 Minuten
verkneten. Den hergestellten Teig unter einem Küchentuch an
einem warmen Ort 1,5 Stunden gehen lassen.

Die Naans herstellen

12 kleine, gleichgroße Teigkugeln formen. Mit dem Nudelholz auf
einer mit Mehl bestäubten Arbeitsfläche ausrollen. Den Schmelzkäse
auf einer Teigscheibe verteilen (2 Portionen pro Scheibe) und einen
1 cm breiten Rand frei lassen. Eine zweite Teigscheibe darauflegen
und die Ränder mit befeuchteten Fingern festdrücken, um die beiden
Scheiben gut zu verbinden. Für die weiteren 11 Stück genauso
vorgehen.

Die Naans garen

Die Naans 3 bis 4 Minuten von jeder Seite auf der Plancha oder
in einer mit ein paar Tropfen Pflanzenöl ausgeriebenen Pfanne
anbraten.

Raïta
MIT GRANATAPFEL

FÜR 4 PERSONEN

Zubehör
Mittlere und
   feine Reiben
Feines Sieb

Grundzutaten
1 Gurke
1 Frühlingszwiebel
1 Knoblauchzehe
Salz, Pfeffer

Spezielle Zutaten
2 cm frischer Ingwer
200 g griechischer Joghurt
1 TL gemahlener Kreuzkümmel
1 Prise gemahlener Chili
1 Granatapfel

Die Gurke vorbereiten

Die Gurke der Länge nach halbieren, die Kerne entfernen und auf
einer mittleren Reibe raspeln. Die Gurke in ein Sieb geben und
10 Minuten abtropfen lassen, dann mit den Händen auspressen,
um das gesamte Wasser zu entfernen. Den Ingwer fein reiben.

Die Raïta herstellen

Die Frühlingszwiebel mit dem Stiel und die Knoblauchzehe fein
schneiden und der Gurke hinzufügen. Den Joghurt, 1 TL Salz
und 1 Prise Pfeffer, den Kümmel, den Ingwer und den Chili nach
Geschmack hinzugeben. Sorgfältig mischen und die Masse bis
zum Servieren kaltstellen.

Mit Granatapfelkernen servieren

Den Granatapfel vor dem Servieren halbieren, die Kerne entnehmen
und über die Raïta streuen.

Gegrillter Paneer
MIT MANGO-MINZE-SAUCE

FÜR 4 PERSONEN

Zubehör
Mixer
Pfanne

Grundzutaten
1 gerührter Naturjoghurt
15 Minzeblätter
1 EL Maisstärke (Maïzena®)
Fleur de Sel, Pfeffer

Spezielle Zutaten
½ in Würfel geschnittene frische
  Mango
Saft 1 grünen Zitrone
1 Prise gemahlener Kümmel
200 g fester Paneer oder Halloumi
1 TL gemahlener Kurkuma
2 EL Ghee oder Kokosöl
Helle oder schwarze Sesamsamen

Die Mango-Minze-Sauce vorbereiten
Den Joghurt, die Mangowürfel, die Minze, den Saft der grünen
Zitrone und den Kümmel in die Schale des Mixers geben. Salzen
und pfeffern. Das Ganze mixen. Bis zum Servieren kaltstellen.

Den Paneer goldgelb anbraten
Den Paneer in 2 cm dicke Stifte schneiden, ähnlich wie große
Pommes Frites. Sehr dünn mit der Maisstärke und dem Kurkuma
bestreuen. Ghee oder Kokosöl in einer Pfanne erhitzen und die
Paneer-Stifte von allen Seiten goldgelb anbraten.

Servieren
Die Stifte mit Fleur de Sel und den Sesamsamen bestreuen.
Mit der Mango-Minze-Sauce heiß servieren.

Samoussas
MIT HÄHNCHEN UND CURRY

FÜR 10 SAMOUSSAS

Zubehör
Mixer
Schmortopf

Grundzutaten
2 Hähnchenbrüste oder -filets
1 gelbe oder weiße Zwiebel
15 Stiele frischen Koriander
1 TL Koriander in Körnern
250 ml Pflanzenöl zum Frittieren
Salz, Pfeffer

Spezielle Zutaten
1 bis 2 EL Kokosöl
1 EL Madras-Curry
1 Paket Filoteigblätter

Die Füllung für das Hähnchen vorbereiten

Die Hähnchenfilets mit dem Messer oder im Mixer fein hacken.
Die Zwiebel fein schneiden. Korianderblätter zupfen und hacken,
die Korianderkörner mit einem Stößel zerdrücken. Das Kokosöl
mit Korianderkörnern in einem Topf erhitzen und das gehackte
Hähnchen und die fein geschnittene Zwiebel hinzugeben. Den Curry
darüberstreuen, nach Geschmack salzen und pfeffern, den frischen
Koriander hinzugeben und mit einem Holzkochlöffel mischen. Für 5 bis
8 Minuten unter häufigem Umrühren bei schwacher Hitze garen lassen.

Die Filoteigblätter vorbereiten und falten

Die Filoteigblätter in Streifen von 8 bis 10 cm Breite schneiden.
Auf ein feuchtes Küchentuch legen, um zu vermeiden, dass sie
austrocknen. Einen Streifen horizontal auf die Arbeitsfläche legen.
1 EL Füllung auf die linke Seite setzen, den Streifen von der linken
oberen Ecke aus rechtwinklig über die Füllung falten, dann zu einem
Dreieck umklappen und die Füllung bis zum rechten Ende einwickeln.
Das letzte Stück des Blatts an die Innenseite des Dreiecks falten,
um die Samoussa zu verschließen.

Die Samoussas garen

Die Samoussas in einem Schmortopf mit heißem, aber nicht
rauchendem Pflanzenöl von jeder Seite goldgelb anbraten.
Nach dem Garen auf Küchenpapier abtropfen lassen. Zusammen
mit der Joghurt-Minze-Sauce (Rezept S. 44) heiß servieren.

Gemüse-
PAKORAS

FÜR 4 PERSONEN

Zubehör
Schneebesen
Reibe
Wok oder
   Schmortopf
Schaumlöffel

Grundzutaten
2 Eier
1 Knoblauchzehe
1 Päckchen Backpulver
2 Karotten
1 Zucchini
1 Kartoffel, Typ Bintje
1 rote Zwiebel
100 g frischer junger Spinat
Pflanzenöl zum Frittieren
Salz, Pfeffer

Spezielle Zutaten
150 g Kichererbsenmehl
1 TL gemahlener Kreuzkümmel
1 TL gemahlener Kurkuma
1 TL Garam Masala
1 TL Paprika oder Chili

Einen Ausbackteig herstellen

Das Kichererbsenmehl in einer Schale mit allen Gewürzen und dem Salz vermischen. Langsam 250 ml Wasser hinzugeben und mit einem Schneebesen verrühren. Der Teig darf nicht zu fest und nicht zu flüssig sein (etwa wie Joghurt). Die geschlagenen Eier, das Backpulver und die gepresste Knoblauchzehe hinzugeben und mit dem Schneebesen aufschlagen.

Das Gemüse vorbereiten

Das Gemüse nicht zu fein raspeln und den Spinat mit dem Messer fein schneiden. Das Gemüse in den Ausbackteig tauchen und sorgfältig vermischen, damit alles mit Teig überzogen ist.

Die Pakoras garen und servieren

Das Öl zum Frittieren in einer Schmortopf oder einem Wok erhitzen. Wenn das Öl heiß ist (aber nicht raucht), mit 2 Esslöffeln etwas von dem Teig mit dem Gemüse abstechen und in das Öl geben. Die Pakoras 5 bis 6 Minuten garen und mit einem Schaumlöffel häufig wenden, damit sie nicht zusammenkleben. Die goldgelben Pakoras herausnehmen und auf Küchenpapier abtropfen lassen. Zusammen mit der Joghurt-Minze-Sauce (Rezept S. 44) heiß servieren.

30 MINUTEN

Bhajis
MIT ROTEN ZWIEBELN

FÜR 4 PERSONEN

Zubehör

Mandoline
Backblech oder
    Patisserieblech

Grundzutaten

2 große rote Zwiebeln
2 Eier
1 TL Fleur de Sel
1 Prise Pfeffer

Spezielle Zutaten

2 kleine Süßkartoffeln
2 TL Madras-Curry
1 TL gemahlener Koriander
1 TL gemahlener Kreuzkümmel
50 ml Oliven- oder Kokosöl

Das Gemüse vorbereiten

Den Ofen auf 180 °C vorheizen. Die Zwiebeln und die Süßkartoffeln
schälen. Die Zwiebeln fein schneiden und die Süßkartoffeln mit der
Mandoline raspeln. Die Süßkartoffeln, die Zwiebeln, die Eier und die
Gewürze in einer Schale vermischen. Salzen und pfeffern. Mit einer
Gabel kräftig umrühren, bis alles gut vermischt ist.

Die Bhajis im Ofen garen

Ein Blatt Backpapier auf ein Backblech oder ein Patisserieblech
legen. Kleine Bällchen der zubereiteten Masse daraufsetzen.
Leicht mit dem Oliven- oder Kokosöl beträufeln. Das Blech 25 bis
30 Minuten in den Ofen geben, dann den Ofen in den Grillmodus
schalten und die Bhajis auf der oberen Schiene für 2 bis 3 Minuten
grillen.

Mit einer Joghurtsauce servieren

Zusammen mit einer Joghurt-Sauce (Rezept S. 44) heiß servieren.

Gemüse-
PATTIES

FÜR 8 BIS 10 PATTIES

Zubehör
Mixer
Schmortopf

Grundzutaten
3 Kartoffeln, Typ Bintje
3 Knoblauchzehen
Saft 1 grünen Zitrone
3 EL TK-Erbsen
3 EL Paniermehl
250 ml Öl zum Frittieren
Fleur de Sel, Pfeffer

Spezielle Zutaten
½ sehr reife Avocado
½ Bund Koriander
1 EL Rohrzucker oder Agavensirup
2 EL Ghee oder geschmolzene Butter
1 TL gemahlener Kardamom oder
   1 TL Madras-Curry

Die Kartoffeln garen

Die Kartoffeln schälen und in viel Salzwasser garen. Abgießen und abkühlen lassen.

Die Avocado-Koriander-Sauce vorbereiten

In der Zwischenzeit die Avocado, den Koriander, den Knoblauch, den Zitronensaft und den Rohrzucker oder Agavensirup in die Schüssel eines Mixers geben. Das Fleur des Sel, den Pfeffer sowie 2 EL Wasser hinzugeben. Das Ganze mixen. Zitronensaft hinzugeben, bis die gewünschte Konsistenz erreicht ist. Kaltstellen.

Den Gemüseteig herstellen

Die Kartoffeln mit einer Gabel in einer großen Schale zerdrücken und mit der geschmolzenen Butter oder dem Ghee, 1 TL Salz, Pfeffer, dem gemahlenen Kardamom oder Curry mischen. Gegebenenfalls nachwürzen. Die Erbsen hinzugeben, vorsichtig vermischen, um sie nicht zu zerquetschen.

Die Patties frittieren

Kleine Fladen mit einer Dicke von 1 cm und 5 bis 6 cm Durchmesser formen. Im Paniermehl wälzen und in 1 cm Pflanzenöl frittieren. Mit der Avocado-Koriander-Sauce heiß servieren.

Chapati-Wraps
MIT AVOCADO, EI UND SCHINKEN

25 MINUTEN

FÜR 4 WRAPS

Zubehör
Topf
Pfanne

Grundzutaten
2 Eier
1 kleine rote Zwiebel
1 Zitrone
1 großer EL Creme Fraîche
4 Radieschen
10 Stiele frischen Koriander
Salz, Pfeffer

Spezielle Zutaten
2 Avocados
1 TL Madras-Curry
4 Scheiben Schinken
4 Fladen, Typ Chapatis

Die Eier und das Gemüse vorbereiten

Die Eier vorsichtig in einen Topf mit kochendem Wasser geben und 8 Minuten kochen. Eine Avocado schälen, das Fruchtfleisch herauslösen und mit einer Gabel in einer Schale zerdrücken. Die kleine rote Zwiebel fein schneiden und dem Fleisch der Avocado mit einem Schuss Zitronensaft und einem Esslöffel Creme Fraîche hinzugeben. Mit Curry, Salz und Pfeffer würzen und gut vermischen.

Die restliche Garnitur herstellen

In einer trockenen Pfanne ein paar Scheiben Schinken rösten, bis sie knusprig sind. Die Eier schälen und in Scheiben schneiden. Die zweite Avocado schälen und in feine Streifen schneiden. Die Radieschen fein schneiden.

Die Fladen garnieren und Wraps formen

Die Avocadocreme auf einen Fladen streichen und mit etwas fein geschnittenem Koriander bestreuen. Abwechselnd mit Avocado- und Speckscheiben sowie Scheiben der hartgekochten Eier belegen. Das Brot wie einen Wrap rollen und dann halbieren. Gut gekühlt servieren.

Sandwiches
VADA PAV

FÜR 4 SANDWICHES

Zubehör
Schüsseln
Wok

Ruhezeit
10 Minuten

Grundzutaten
1 TL Natron
5 große gekochte und geschälte
  Kartoffeln
¼ Bund Koriander
1 TL Knoblauchpulver
3 EL Pflanzenöl
4 Milchbrötchen oder Burger-Buns
Salz, Pfeffer

Spezielle Zutaten
280 g Kichererbsenmehl
¼ TL gemahlener Kurkuma
½ TL gemahlener Chili
1 TL gemahlener Kreuzkümmel
4 EL Mango-Rosinen-Chutney
  (siehe Seite 46)

Den Ausbackteig vorbereiten

Das Kichererbsenmehl in eine Schale geben. Eine Prise Salz, den
Kurkuma und das Natron hinzugeben und vermischen. Langsam
kaltes Wasser hinzugießen und stetig mit dem Schneebesen
verrühren. Es muss ein homogener, cremiger Teig entstehen,
ähnlich einem Donut-Teig. 10 Minuten ruhen lassen.

Das Gewürzpüree herstellen

Die Kartoffeln pürieren, salzen, pfeffern, den Chili und die fein
geschnittenen Korianderblätter, das Knoblauchpulver und den
gemahlenen Kümmel hinzugeben.

Bällchen formen und garen

Das Püree mit dem Ausbackteig mischen und mit der Hand
8 Bällchen formen. Das Öl in einem Wok erhitzen. Die Bällchen
in Kichererbsenmehl wälzen und dann frittieren.

Die Sandwiches garnieren und servieren

2 Bällchen in jedes Brötchen legen und 1 Esslöffel Mango-
Rosinen-Chutney hinzugeben.

30 MINUTEN

Indische Suppe
MIT KORALLENLINSEN

Zubehör

Koch- oder
  Schmortopf

Grundzutaten

1 große Zwiebel
1 Knoblauchzehe
1 Dose geschälte Tomaten (400 ml)
850 ml Gemüse- oder Hühnerbouillon
200 g frischer Spinat (junge Blätter)
Frischer Koriander zum Servieren
Salz, Pfeffer

Spezielle Zutaten

1 EL Ghee oder Kokosöl
1 TL gemahlener Kurkuma
1 TL gemahlener Kreuzkümmel
½ TL gemahlener Zimt
½ TL gemahlener Koriander
½ bis 1 TL gemahlener Chili
250 g Korallenlinsen
400 ml Kokosmilch

Die Gewürze zubereiten

In einem Schmortopf den gehackten Knoblauch und die gehackte Zwiebel in einem Esslöffel heißem Öl oder Ghee anbraten. Alle Gewürze hinzugeben und kräftig umrühren, damit sie ihr Aroma entfalten.

Die anderen Zutaten hinzugeben

Die Tomaten aus der Dose, die Bouillon, die Korallenlinsen, die Kokosmilch sowie Salz und Pfeffer hinzugeben. Den Topf bedecken und das Ganze 20 Minuten köcheln lassen, bis die Linsen weich sind. Abschmecken und bei Bedarf nachwürzen.

Die Suppe fertigkochen und servieren

Den Spinat hinzugeben und weitere 2 Minuten garen. Gegebenenfalls nachwürzen und die Suppe vor dem Servieren mit gehacktem Koriander bestreuen.

In der Saison können die Dosentomaten durch 4 große frische Tomaten ersetzt werden, die in große Würfel geschnitten und von ihren Kernen befreit werden.

Tandoori CHICKEN

30 MINUTEN

FÜR 4 PERSONEN

Zubehör
Schüssel
Backblech

Ruhezeit
1 Stunde

Grundzutaten
2 Knoblauchzehen
2 gerührte Naturjoghurts
1 Zitrone
4 große Hähnchenschenkel
Salz, Pfeffer

Spezielle Zutaten
3 EL Tandoori-Gewürz
2 EL Pflanzenöl

Das Hähnchen marinieren

Die Knoblauchzehen schälen und fein hacken und in eine kleine
Schale geben. Die Tandoori-Gewürzmischung, die Joghurts und
2 EL Zitronensaft hinzugeben. Salzen und pfeffern. Das Ganze
sorgfältig vermischen. Dann die Hähnchenschenkel mit einem
Messer einschneiden, mit der Marinade bestreichen und mindestens
1 Stunde im Kühlschrank ruhen lassen.

Im Ofen garen

Den Ofen auf 180 °C vorheizen. Die Hähnchenschenkel in eine
leicht mit Pflanzenöl eingefettete Auflaufform legen und 25 bis
30 Minuten in den Ofen geben. Das Fleisch nach der Hälfte
der Garzeit unbedingt wenden, um ein gleichmäßiges Garen zu
gewährleisten.

Heiß oder abgekühlt servieren

Die Hähnchenschenkel mit 2 EL Zitronensaft begießen, wenn sie
aus dem Ofen kommen. Heiß oder abgekühlt mit einem grünen
Salat, Minze und einer Joghurt-Minze-Sauce (siehe Rezept S. 44)
servieren.

Gemüse-
CURRY

FÜR 4 PERSONEN

Zubehör
Schmortopf

Grundzutaten
2 Karotten
¼ Blumenkohl
½ Brokkoli
1 Aubergine
1 gehackte Knoblauchzehe oder
    Knoblauchpaste
1 kleine Dose Tomatenmark (70 g)
100 g Erbsen (TK)

Spezielle Zutaten
4 kleine Süßkartoffeln
2 EL Ghee oder Kokosöl
1 Hand voll gehackte Cashew-Nüsse
1 EL rote oder gelbe Currypaste
1 cm gehackter Ingwer oder
    Ingwerpaste
200 ml Kokosmilch

Das Gemüse vorbereiten

Die Süßkartoffeln und die Karotten schälen. Das gesamte Gemüse
in kleine Stücke von 2 bis 3 cm schneiden.

Das Curry zubereiten

Das Ghee oder Kokosöl in einem Topf erhitzen. Die Cashewnüsse
und die Currypaste, den Knoblauch und den Ingwer hinzugeben
und 1 Minute lang anbraten. Das Tomatenmark, die Kokosmilch und
dann 300 ml Wasser hinzugeben. Das vorbereitete Gemüse und die
Erbsen hinzugeben, vorsichtig umrühren und 15 Minuten bedeckt
köcheln lassen.

Sehr heiß servieren

Das Curry mit Basmatireis oder Naans (siehe Rezept S. 4) und
gezupftem Koriander servieren.

Indischer BURGER

30 MINUTEN

FÜR 4 BURGER

Zubehör
Mixer
Schmortopf

Grundzutaten
400 g Hähnchenbrustfilets
1 gekochte Kartoffel
1 Ei
½ Gurke
4 bis 6 EL Joghurt-Minze-Sauce
  (siehe S. 44)
100 g junge Spinatblätter
Feines Salz

Spezielle Zutaten
1 EL Garam Masala
1 TL gemahlener Kurkuma
1 cm Ingwerwurzel
Kokos- oder Olivenöl
8 Naan-Brötchen Natur oder
  Burger-Buns
Rote Zwiebel-Pickels

Die Füllung der Fladen vorbereiten

Die Hähnchenbrustfilets in die Schüssel eines Mixers geben,
das Garam Masala und den Kurkuma, frischen Ingwer, Salz, die
zerdrückte gekochte Kartoffel und das Ei hinzugeben. Das Ganze
zu einem homogenen Teig mixen.

Die Hähnchenfladen garen

Mit den Händen 4 Bällchen formen und zu Fladen drücken, passend
zur Größe der Naan-Brötchen. In einem heißen Schmortopf, der mit
einem Schuss Kokos- oder Olivenöl eingefettet ist, die Fladen von
jeder Seite 5 Minuten goldbraun braten.

Die Burger anrichten

Die halbe Gurke in Scheiben schneiden und leicht salzen. Die
Naan-Brötchen in einer Pfanne leicht anwärmen, aufschneiden
und Joghurt-Minze-Sauce hineingeben. Mit dem frischen Spinat,
Zwiebel- oder Gurken-Pickels garnieren, dann die Hähnchen-
„Steaks" hineingeben. Wieder schließen und servieren

Butter CHICKEN

FÜR 4 PERSONEN

Zubehör
Schüssel
Backblech
Schmortopf

Ruhezeit
2 Stunden

Grundzutaten
450 g Hähnchenbrustfilets
1 gerührter Naturjoghurt
2 EL Sonnenblumenöl
140 g Tomatenmark
30 g Butter
1 Zwiebel
100 ml passierte Tomaten
1 EL Agavensirup oder Honig
100 ml Sahne
Salz

Spezielle Zutaten
2 cm gehackte Ingwerwurzel
2 gehackte Knoblauchzehen
1 TL Paprika
1 TL gemahlener Zimt
3 Kardamomkapseln
1 TL gemahlener Koriander
2 EL gehackte Cashew-Nüsse
Frischer Koriander zum Servieren

Das Hähnchen marinieren und garen

Die Hähnchenbrustfilets in 2 cm große Stücke schneiden. In einer Schüssel den Joghurt, das Sonnenblumenöl, 1 EL Tomatenmark, die Hälfte des gehackten Knoblauchs und die Hälfte des gehackten Ingwers, Paprika, Zimt und Salz verrühren. Die Hähnchenbrustfilets in diese Marinade tauchen und mindestens 2 Stunden lang ruhen lassen. Den Ofen auf 210 °C vorheizen. Die Hähnchenstücke auf ein Backblech legen und 15 bis 20 Minuten in den Ofen geben.

Die Buttersauce vorbereiten

In der Zwischenzeit die Butter in einem Schmortopf schmelzen lassen, den restlichen Knoblauch und Ingwer, Kardamom und die gehackte Zwiebel dazugeben und 10 Minuten auf kleiner Flamme kochen lassen. Den Koriander, das restliche Tomatenmark, die passierten Tomaten, den Agavensirup oder Honig und 100 ml Wasser hinzugeben. Kurz bedeckt weiterköcheln lassen.

Sehr heiß mit Reis servieren

Das Huhn in diese Sauce legen, die Sahne und die gehackten Cashewnüsse hinzugeben und mit dem gehackten frischen Koriander bestreuen. Sofort mit Basmatireis servieren.

Linsen-Dhal
UND GERÖSTETE SÜSSKARTOFFELN

FÜR 4 PERSONEN

Zubehör
Schmortopf

Grundzutaten
1 kleine Zwiebel
100 g entkernte Tomaten oder
   Tomaten aus der Dose
500 ml Gemüsebouillon
200 g junger Spinat
50 g Erbsen
Salz, Pfeffer

Spezielle Zutaten
2 kleine Süßkartoffeln
3 EL Kokosöl
1 EL rote oder gelbe Currypaste
300 g Korallenlinsen
100 ml Kokosmilch oder Kokoscreme
Sesamsamen
Frischer Koriander zum Servieren

Die Süßkartoffeln rösten
Den Ofen auf 200 °C vorheizen. Die ungeschälten Süßkartoffeln auf
ein Blech geben und 20 bis 25 Minuten in den Ofen geben.

Den Linsen-Dhal vorbereiten
In der Zwischenzeit in einem Schmortopf die Zwiebel in Kokosöl
anbraten, Currypaste, Salz und die zerkleinerten Tomaten dazugeben.
Mischen und dann die Linsen hinzugeben, umrühren und garen, bis
das ganze Wasser aufgenommen wurde. Dann die Gemüsebouillon
darübergießen, wieder vermischen und den Spinat und die Erbsen
hinzugeben. Gegebenenfalls salzen und pfeffern, den Topf bedecken.
15 Minuten garen lassen, dann die Kokosmilch (oder Kokoscreme)
hinzugeben und erneut mischen. Weitere 5 Minuten garen.

Servieren und abschmecken
Heiß mit den in Stücke geschnittenen Süßkartoffeln servieren,
unmittelbar zuvor mit den Sesamsamen und dem fein geschnittenen
Koriander bestreuen.

Aloo Bombay

FÜR 4 PERSONEN

Zubehör
Pfanne

Grundzutaten
1 rote Zwiebel
1 Knoblauchzehe
600 g Frühkartoffeln
4 Tomaten oder 1 Dose gestückelte
   Tomaten (400 ml)
Frischer Koriander zum Servieren
1 Schuss Zitronensaft
Salz, schwarzer Pfeffer

Spezielle Zutaten
2 EL Kokosöl
1 TL gemahlener Kreuzkümmel
1 TL Kümmel
2 cm Ingwerwurzel
½ TL gemahlener Chili oder Paprika
1 TL gemahlener Kurkuma
1 gehäufter TL Garam Masala

Die Gewürze erhitzen

Das Kokosöl in einer Pfanne erhitzen. Den gemahlenen Kreuzkümmel
und den Kümmel hinzugeben und 30 Sekunden garen. Die in
Würfel geschnittene Zwiebel, die geschälte und fein geschnittene
Knoblauchzehe, den geschälten und fein geschnittenen Ingwer und
schließlich das Chili- oder Paprikapulver hinzugeben.

Die Kartoffeln kochen

Dann die in Würfel geschnittenen Kartoffeln und Tomaten
hinzugeben. Goldgelb anbraten und dabei mit einem Holzlöffel
vermischen. Mit dem Kurkuma, dem Garam Masala, Salz und
schwarzem Pfeffer würzen und vermischen. 20 bis 30 Minuten
köcheln lassen, bis die Kartoffeln gar sind.

Sehr heiß servieren

Nach dem Kochen mit fein geschnittenem frischen Koriander
bestreuen und einen Schuss Zitronensaft darübergeben. Sofort
servieren.

Kichererbsen- CURRY

30 MINUTEN

FÜR 4 PERSONEN

Zubehör
Feines Sieb
Schmortopf

Grundzutaten
2 EL Traubenkern- oder
   Sonnenblumenöl
1 Zwiebel
1 Knoblauchzehe
1 Dose gestückelte Tomaten (400 ml)
200 g entstielter frischer Spinat
Salz

Spezielle Zutaten
500 g Kichererbsen (Glas oder Dose)
1 TL Kümmel
1 oder 2 Kardamomkapseln
1 TL Koriandersamen
1 EL Ingwerpaste
1 TL gemahlener Kurkuma
1 TL gemahlener Zimt
1 TL gemahlener Koriander
300 ml Kokosmilch

Die Gewürze anrösten

Die Kichererbsen abgießen und mit kaltem Wasser spülen. In einem Schmortopf das Traubenkern- oder Sonnenblumenöl erhitzen, die Gewürzkörner darin anrösten, bis sie Farbe annehmen, dann die gehackte Zwiebel, den zerdrückten Knoblauch, die Ingwerpaste und die Gewürzpulver dazugeben. Salzen und gut vermischen.

Das Kichererbsencurry kochen

Die gestückelten Tomaten in den Schmortopf geben und alles vermischen. Die Kokosmilch, den fein geschnittenen Spinat und dann die Kichererbsen dazugeben. Vorsichtig umführen, dann bei schwacher Hitze und bedeckt für 10 Minuten köcheln lassen.

Paneer palaak

FÜR 2 PERSONEN

Zubehör
Schmortopf
Topf

Grundzutaten
1 kg Spinat mit Stielen
2 Zwiebeln
3 Knoblauchzehen
1 Dose gestückelte Tomaten (400 ml)
20 g weiche Butter
200 ml Sahne
Salz, Pfeffer

Spezielle Zutaten
250 g Paneer (indischer Käse)
20 g Ghee oder Kokosöl
1 cm Ingwerwurzel
1 TL Garam Masala
1 TL gemahlener Kurkuma
1 TL gemahlener Kreuzkümmel
½ TL gemahlener Koriander

Den Paneer garen

Den Käse in 2 cm große Würfel schneiden und in einem Schmortopf mit Kokosöl oder Ghee auf jeder Seite 2 Minuten anbraten.

Die anderen Zutaten vorbereiten

Den Spinat waschen und entstielen, dann grob hacken. Die Zwiebeln schälen und in feine Scheiben schneiden. Die Knoblauchzehen schälen und pressen, gegebenenfalls den grünen Keim entfernen. Den Ingwer reiben.

Das Gemüse garen und servieren

Die Butter in einem Schmortopf bei schwacher Hitze schmelzen und die Zwiebeln mit den Gewürzen und einer Prise Salz darin anschwitzen. Dann den Knoblauch, den Ingwer und 100 ml Wasser hinzugeben und sorgfältig vermischen. Nachdem das Wasser verdampft ist, die gestückelten Tomaten hinzugeben und bei schwacher Hitze und abgedeckt für ca. 15 Minuten weitergaren. Diesem Kompott den Spinat hinzugeben und weitere 10 Minuten garen. Nach dem Kochen die Sahne hinzugießen und die angebratenen Paneer-Würfel hinzugeben. Würzen und heiß servieren.

Lachs
TIKKA MASSALA

FÜR 4 PERSONEN

Zubehör
Holzspieße
Gratinblech
Backpapier

Ruhezeit
1 Stunde

Grundzutaten
500 g Lachsfilet ohne Haut
100 g griechischer Joghurt
2 EL Tomatenmark
2 EL Zitronensaft
2 Knoblauchzehen
Feines Salz

Spezielle Zutaten
2 TL Rohrzucker
2 TL gemahlener Ingwer
2 TL gemahlener Kreuzkümmel
1 TL gemahlener Kurkuma
2 TL gemahlener Koriander
½ TL gemahlener Kardamom
Gekochter Basmatireis
Frischer Koriander

Die Zutaten vorbereiten

Den Lachs in große Würfel oder Streifen schneiden. In einer großen Schüssel den Joghurt mit Tomatenmark, Zucker, Salz, Zitronensaft, Ingwer- und Kreuzkümmelpulver, gehacktem Knoblauch, Kurkuma, Koriander- und Kardamompulver gut verrühren.

Den Lachs auf die Spieße stecken

Die Lachswürfel auf Holzspieße stecken. Die Spieße auf ein mit Backpapier ausgelegtes Gratinblech legen. Die Marinade darübergießen und in Frischhaltefolie einwickeln. 1 Stunde kaltgestellt mazerieren.

Die Spieße garen

Den Ofen in der Grillfunktion vorheizen und ein Blatt Backpapier auf ein Backblech legen. Die Spieße auf das Blech legen, erneut salzen und 5 Minuten von jeder Seite garen.

Mit Reis servieren

Mit gelber Zitrone und Basmatireis servieren. Das Gericht mit frischem Koriander bestreuen.

20 MINUTEN

Garnelen
MIT KORMA-SAUCE

FÜR 4 PERSONEN

Zubehör
Schale
Schmortopf

Grundzutaten
200 g griechischer Joghurt
Saft 1 Zitrone
1 Zwiebel
Gekochter Basmatireis
30 g Mandelblättchen
Salz, Pfeffer

Spezielle Zutaten
1 TL gemahlener Ingwer
1 TL gemahlener Kurkuma
1 EL Madras-Curry
2 EL Kokosraspeln
3 EL Kokosöl
500 g Garnelen (TK)
Frischer Koriander

Die Korma Sauce vorbereiten

Den Joghurt in einer Schale mit den Gewürzen, dem Zitronensaft
und den Kokosraspeln mischen. Salzen und pfeffern. Beiseite stellen.

Die Garnelen garen

Die Zwiebel schälen und fein schneiden. In einem Schmortopf in
etwas Kokosöl oder Ghee anschwitzen. Die geschälten Garnelen
hinzugeben, unter Rühren leicht anbraten, bis sie rosa sind.
Die Korma-Sauce dazugießen und vorsichtig mischen. Weitere
3 Minuten garen. Nach Bedarf nachwürzen.

Die Teller anrichten

Die Masse mit Basmatireis auf den Tellern anrichten. Fein
geschnittenen frischen Koriander und Mandelblättchen
darüberstreuen.

Joghurt-
MINZE-SAUCE

FÜR 200 G SAUCE

Zubehör
Mixer

Grundzutaten
2 Becher gerührten Naturjoghurt
150 g frische Minzblätter
100 g frische Korianderblätter
2 oder 3 gehackte Knoblauchzehen
1 kleine gehackte Zwiebel
Salz

Spezielle Zutaten
1 cm gehackte Ingwerwurzel
1 TL gemahlener Kreuzkümmel
1 TL Garam Masala

Die Minzsauce herstellen

Alle Zutaten in einen Mixer geben und sehr fein mixen.

Nach Geschmack würzen

Die hergestellte Soße in eine Servierschüssel füllen, oder in ein luftdichtes Glas, damit sie später verwendet werden kann.

Mango-
ROSINEN-CHUTNEY

FÜR 250 G CHUTNEY

Zubehör
Reibe
Topf
Handmixer oder
  Mini-Mixer

Grundzutaten
30 g weiche Rosinen
150 g Rohrzucker oder
  brauner Bio-Zucker
1 TL feines Salz
75 ml Weißweinessig oder Apfelessig
Schwarzer Pfeffer aus der Mühle

Spezielle Zutaten
400 g Mangofruchtfleisch
1 kleine rote Chilischote
1 cm Ingwerwurzel

Die Zutaten vorbereiten

Die Mango schälen und in Stücke schneiden. Die Rosinen in
einer Schale in etwas heißem Wasser einweichen. Die Kerne aus
der roten Chilischote entfernen, die Schote dann fein hacken.
Den Ingwer fein reiben.

Das Chutney garen

Die Mangostücke in einen Topf geben, Zucker, Salz und Essig, die
rote Chilischote und den Ingwer hinzugeben. Nach Geschmack
pfeffern. Das Ganze vermischen und bei mittlerer Hitze etwa
20 Minuten garen.

Leicht mixen

Die Masse mit einem Handmixer oder in einem Mini-Mixer leicht
mixen, aber nicht zu fein, damit sie sämig bleibt.

Fertigkochen

Die abgetropften Rosinen hinzugeben und weitere 10 bis 15 Minuten
garen. Das Chutney muss eine schöne Textur aufweisen, etwa wie
eine cremige Konfitüre. Das Chutney in eine Servierschale geben
oder in einer Frischhaltedose für später aufbewahren.

Thali
FÜR ALLE

FÜR 4 PERSONEN

Verschiedene Gerichte

6 Käse-Naans (siehe S. 4)

200 g Raïta mit Granatapfel
(siehe S. 6)

10 Gemüsepakoras (siehe S. 12)

10 Gemüsepatties (siehe S. 16)

4 Tandoori Chicken (siehe S. 24)

200 g Butter Chicken (siehe S. 30)

200 g Aloo Bombay (siehe S. 34)

300 g Linsen-Dhal und geröstete
Süßkartoffeln (siehe S. 32)

Basmatireis

Ein oder zwei Portionen jedes Gerichts auf kleine Servierplatten geben. Das Ganze auf eine große Platte stellen. Dazu Reis und Naans mit Käse servieren.

Jeder Gast bedient sich und gibt nach Belieben etwas Joghurt-Minze-Sauce (siehe Rezept S. 44) oder Avocado-Koriander-Sauce (siehe Rezept S. 16) oder Mango-Rosinen-Chutney (siehe Rezept S. 46) auf seine Speisen.

Kokosflan
À LA ROSE

30 MINUTEN

FÜR 4 BIS 5 PERSONEN

Zubehör
Topf

Ruhezeit
2 Stunden

Grundzutaten
10 g Gelatineblätter
500 ml Vollmilch oder Kokosmilch
250 ml gezuckerte Kondensmilch
1 Tropfen rosa Speisefarbe

Spezielle Zutaten
½ Vanilleschote
5 Tropfen Aroma oder Rosensirup
2 EL Kokosraspeln
1 TL Rohrzucker
10 gehackte Cashew-Nüsse oder
    Mandeln

Den Flan herstellen

Die Gelantineblätter in einer Schüssel mit kaltem Wasser einweichen.

Die Vollmilch in einem Topf zusammen mit der aufgeschnittenen Vanilleschote aufkochen. 10 bis 15 Minuten abkühlen lassen, dann die gezuckerte Kondensmilch hinzugeben und gut verrühren. Die Masse für ein paar Minuten bei schwacher Hitze erwärmen, ohne sie aufzukochen. Die Vanilleschote herausnehmen.

Vom Ofen nehmen, die ausgedrückten Gelatineblätter hinzugeben und mit einem Schneebesen kräftig verrühren, um sie aufzulösen. Das Rosenaroma und die Speisefarbe hinzugeben. Vermischen und die Masse dann in 4 oder 5 Gläser oder Auflaufförmchen geben. Mindestens 2 Stunden kaltstellen, bis die Masse stockt.

Das Topping vorbereiten und servieren

In einer Pfanne bei mittlerer Hitze die Kokosraspeln, den Puderzucker und die gehackten Cashew-Nüsse oder Mandeln trocken rösten. Die Masse gut karamellisieren lassen, ohne dass sie zu dunkel wird. Ein wenig zerkleinern. Beiseite stellen. Diese Mischung beim Servieren über die Flans streuen.

Safran-
KHEER

FÜR 4 PERSONEN

Zubehör
Topf

Grundzutaten
750 ml Vollmilch

Spezielle Zutaten
2 grüne Kardamomkapseln
100 g Basmatireis
125 g heller Rohrzucker
1 Dose Safranpulver
2 EL geschälte ungesalzene Pistazien
2 EL geröstete Mandelplättchen

Den Reis garen

Die Milch, die zerdrückten Kardamomkapseln und den Reis in einen Topf geben. Aufkochen, dann die Hitze reduzieren und langsam köcheln lassen, bis der Reis sehr gar ist (die Körner sollten anfangen zu zerfallen). Den hellen Zucker hinzugeben und vorsichtig mischen.

Die anderen Zutaten vorbereiten

3 EL lauwarmes Wasser, den Safran und 1 EL Zucker in ein kleines Glas geben. Auflösen, um einen dünnen Sirup zu erhalten. Die Pistazien und die gerösteten Mandelplättchen zerstoßen.

Anrichten und servieren

Den Milchreis auf Auflaufförmchen verteilen, 1 TL Safransirup hinzugeben und dann die zerstoßenen Mandeln und Pistazien darüberstreuen. Abgekühlt oder kalt servieren.

Kokos-
HALWA

FÜR 6 PERSONEN

Zubehör
Pfanne
Topf

Grundzutaten
120 ml ungezuckerte Kondensmilch
1 Tropfen rote Speisefarbe
10 g Zucker
200 ml englische Creme
Mandelblättchen

Spezielle Zutaten
20 g Ghee oder Butter
70 g mittelfeiner Grieß
40 g Kokosraspeln
70 g Rohrzucker
1 oder 2 offene Kapseln
   grüner Kardamom

Den Grießkuchen herstellen

Eine Pfanne bei mittlerer Hitze anheizen und das Ghee oder die Butter darin schmelzen. Den Grieß hinzugeben und unter stetigem Rühren goldgelb garen. Die Kokosraspeln hinzugeben und erneut vermischen.

Die Kondensmilch mit dem Rohrzucker, dem Kardamom und der roten Speisefarbe in einen Topf geben und langsam aufkochen, um den Zucker aufzulösen. Diese heiße Milch vorsichtig über den Grieß gießen und stetig rühren, damit sich keine Klumpen bilden. Die Hitze reduzieren. Es sollte eine Kugel entstehen, die sich von der Topfwand löst. Vom Herd nehmen und den gekochten Grieß auf einen Servierteller geben. Einen Quader mit einer Dicke von 1,5 bis 2 cm formen.

Zuschneiden, mit Sauce beträufeln und servieren

Den Grießkuchen in kleine Quadrate, Rauten oder Dreiecke schneiden. Die englische Creme darübergeben und mit goldgelb gerösteten Mandelplättchen bestreuen. Den Kuchen leicht abgekühlt servieren.

10 MINUTEN

Chaï Masala

FÜR 4 KOPPEN

Zubehör
Topf
Kleines Sieb

Grundzutaten
250 ml Vollmilch
2 Körner schwarzer Pfeffer
2 bis 3 TL Rohrzucker

Spezielle Zutaten
1 EL schwarzer Assam-Tee oder
  anderen nicht parfümierten Tee
⅓ TL Kardamomkörner aus der Kapsel
½ gestrichener TL gemahlener Ingwer
1 Zimtstange
1 Gewürznelke

Den Tee vorbereiten

250 ml Wasser in einen Topf gießen und die Gewürze hinzugeben.
Aufkochen und 5 Minuten bei schwacher Hitze köcheln. Die Milch
und den Zucker hinzugeben. Erneut aufkochen, dann die Hitze
reduzieren, den in einen Filter gegebenen Tee hinzufügen und etwa
5 Minuten bei schwacher Hitze ziehen lassen. Der Chaï Masala sollte
eine schöne braune Farbe annehmen.

Servieren

Das Getränk filtern und sehr heiß in 4 Tassen servieren.

Gefrorenes
HIMBEER-ROSEN-LASSI

FÜR 4 EIS AM STIEL

Zubehör
Mixer
Eisförmchen
4 Holzstiele

Diepvriestijd
3 Stunden

Grundzutaten
3 bulgarische Joghurts
100 ml Milch
150 g frische Himbeeren

Spezielle Zutaten
½ TL gemahlener Kardamom
2 EL Rosensirup
3 EL Agavensirup oder Honig

Das Lassi vorbereiten

Joghurt, Milch, Himbeeren, Kardamom, Rosensirup und Agavensirup in die Schüssel des Mixers geben. 100 ml Wasser hinzugeben und mixen.

Das Eis am Stiel herstellen

Die Masse in Eisförmchen oder, falls nicht vorhanden, in kleine Becher füllen und in den Gefrierschrank stellen. Nach 20 Minuten, wenn die Flüssigkeit zu stocken begonnen hat, herausnehmen und die Holzstäbchen hineindrücken. Für mindestens 3 Stunden in den Gefrierschrank geben.

Maracuja–
MANGO-LASSI

15 MINUTEN

FÜR 2 GLÄSER

Zubehör
Mixer
Kleines Sieb

Grundzutaten
3 gerührte Naturjoghurts
100 ml Milch

Spezielle Zutaten
2 Maracujas
150 g in Würfel geschnittene frische
  Mango
½ TL gemahlener Koriander
3 EL Agavensirup oder Honig

Die Zutaten vorbereiten

Die beiden Maracujas halbieren. Das Fruchtfleisch mit einem
Löffel entnehmen und den Saft durch ein kleines Sieb filtern.
(Die Kerne können gegebenenfalls mitverwendet werden.)

Das Lassi mixen und servieren

Alle Zutaten in die Schüssel des Mixers geben, 100 ml Wasser
hinzugeben und mixen. Gut gekühlt servieren. Eventuell etwas
gestoßenes Eis hinzufügen.

Rote-Bete-
MINZE-LASSI

FÜR 2 ODER 3 GLÄSER

Zubehör
Mixer

Grundzutaten
150 g gekochte Rote Bete
3 gerührte Naturjoghurts
100 ml Milch
Zerstoßenes Eis

Spezielle Zutaten
10 Blätter frische Minze
3 EL Agavensirup oder Honig
½ TL gemahlener Kardamom

Die Rote Bete vorbereiten
Die gekochte Rote Bete schälen und in Würfel schneiden.

Das Lassi mixen und servieren
Alle Zutaten in die Schüssel des Mixers geben und 100 ml Wasser
hinzugeben und mixen. Gut gekühlt servieren!

Die Originalausgabe erschien 2021 unter dem Titel:
Petits plats comme en Inde

© 2022 Librero IBP
(für die deutschsprachige Ausgabe)
Postbus 72, 5330 AB Kerkdriel, Niederlande

© Hachette – Livre (Marabout), 2021
Chefredakteur: Mireille Touret
Layout Innenseiten: Jérôme Cousin, NoOok

Produktion der deutschsprachigen Ausgabe:
Tanja Timmerman vertaling & redactie
Übersetzung: Judith Muhr
Satz: Indruk Grafisch Ontwerp

Printed by GPS Group

ISBN: 978-94-6359-834-7